Our Mission Past for Kids

El Pasado de Nuestra Misión para los niños

(Bi-Lingual - English and Spanish)
(está escrita en inglés y en español)

Exploration / Exploración   Missions / Misiones
Settlements / Poblados   Ranchos / Ranchos

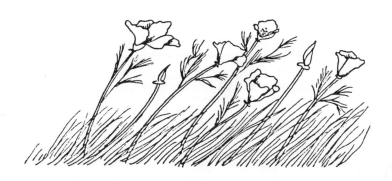

By Barbara Linse / Por Barbara Linse
with George Kuska / con George Kuska

Mission Drawings / Dibujos de las misiones   by George Kuska / por George Kuska
Illustrations / Ilustraciones, Cynthia Clark
Art Director / Director artístico, Richard Judd
Translators / Traductores, Natividad Osa and / e Ileana Gantt

<u>Our Mission Past for Kids</u>
<u>El Pasado de Nuestra Misión para los niños</u>
English and Spanish / en inglés y en español

Art's Publications
80 Piedmont Court, Larkspur, CA 94939
Phone 415-924-2633 or FAX 415-924-8262

<u>Live Again Our Mission Past</u> and <u>The Art of the Mexican Folk</u>
are Art's Publications and distributed by
Educational Book Distributors
1-800-761-5501
Box 551, San Mateo, CA, 94401
Phone 415-344-8458 or FAX 415-344-7840
Box 2510, Novato, CA 94949
Phone 415-883-3530 or FAX 415-883-4280

Thanks to Donald T. Garate, Historian
Tumacacori National Historical Park
for his contribution on the Anza Expedition

Introduction

Our Mission Past for Kids softly brushes the surface of events in our state from 1602 to 1834. Its stories, poems and yarns come from fact and fantasy, old diaries and new observations. These are woven together to show California's Hispanic roots. Accounts of explorations, missions, settlements and rancho life are presented for kdis to read about in Spanish, in English, or both.

Live Again Our Mission Past is its teacher resource companion book. Use the bibliography and reading list.

Introducción

El Pasado De Nuestra Misión para los niños, roza con sauvidad la superficie de los acontecimientos en California desda 1602 a 18434. Las historias, poemas y cuentos nos llegan de los hechos y de la fantasía, de viejos diarios y de nuevas observaciones. Los hemos unido en un tejido que muestra las raíces hispanas de California. Les presentamos a los niños un relato de las exploraciones, las miniones, los poblados y la vida en el rancho para que lo lean en español, en inglés o en ambos idomas.

Live Again Our Mission Past es el libro del maestro que acompaña. Consulte la bibliografía y la lista de lecturas.

Table of Contents

Table of Contents Continued

Exploration - Columbus

A factual account in verse - - -

Columbus sailed the ocean vast,
And many a year has long since passed.

He sailed right to a brand "new world"
And saying the least, caused quite a whirl.

From that time on, the whole world changed
"Tween these worlds - WOW! What an exchange.

Other explorers and settlers, too
Followed Columbus and what a "to-do!"

From "New World" to "old" went potatoes and corn,
Tomatoes and chilies; the pizza was born.

The horse, and goats and sugar cane, sweet,
And barley, oats and rye and wheat,

Just to name a very few,
Went from the "Old World" to the "New."

Alta California was founded late
Because fog covered the "Golden Gate" (?)

The year was 1769
Father Serra was feeling fine.

He dedicated the very first Mission,
The Franciscans to him gave that commission.

The Missions' founders brought great wonders
Including mules that sounded like thunder.

They traded treats with the Natives here
And probably saw their very first deer.

In trade, one thing sure didn't please,
From "Old World" to "New" they carried disease.

Exploración - Colón

Un hecho histórico en verso - - -

Muchos años han pasado
Que navegó Colón del otro lado.

Vino derecho a un "mundo nuevo."
Y causó, claro está, un gran revuelo.

Desde entonces el mundo dio un cambio.
Entre los dos mundos, ¡Vaya intercambio!

Otros exploradores y pobladores también
Siguieron a Colón para mal o para bien.

Del "nuevo mundo" al "viejo" fueron maíz y papas,
tomates y chiles; nació la pizza en varias etapas.

Caballos, cabras y caña de azucar trajeron consigo,
y cebada, y avena, centeno y trigo.

Mencionaremos sólo unos pocos.
De los que vinieron del "viejo mundo" al otro.

Ya tarde, Alta California fundaron un día
Levantó la neibla y se vio la bahía.

En el año de 1769,
El Padre Serra bien se mueve.

Dedicó la primera misión, sin embargo.
Los fraciscanos le hacen este encargo.

Los fundadores de las misiones trajeron portentos
Que incluían mulas que corrían como el viento.

Comerciaron con los indígenas de aquel lugar,
y vieron por vez primera un ciervo, sin dudar.

En el intercambio, no gustó una cosa, y no son maldades,
Del "viejo mundo" al "nuevo" trajeron enfermedades.

The Adobe at Mission Santa Cruz

The California Missions were built of adobe, a combination of straw, cow manure, sand, dirt and water. Franciscan Fathers started work in 1791 and the Indians were very interested and helped with the construction. The original buildings were destroyed by flood so a new location was found. At one time there were 32 buildings at the mission. In 1824 the present adobe was constructed as Indian housing. After secularization it was sold to Mexican families. The new owners built a wooden house over and around it. Now the wood structure is gone and the adobe building is there for visitors to enjoy. Go and visit it.

El Adobe; Misión Santa Cruz

Las misiones de California fueron construidas de adobe,una combinación de abono, arena paja, tierra, y agua. Los padres franciscanos empezaron el trabajo en 1791 y los indios se interesaron y ayudaron con la construcción. Los edificios originales fueron destruidos por una inundación; por eso, se encontró un nuevo sitio. En una ocasión había 32 edificios en la misión. En 1824 la estructura de adobe actual fue construida como vivienda para los americanos nativos. Después de la secularización, esta estructura fue vendida a dos familias mexicanas. Los nuevos dueños construyeron una casa de madera encima y alrededor de la estructura original. Ahora, que ya no existe el edificio de madera, los visitantes pueden disfrutar de la estructura de adobe, que quedó a la vista. Vayan a visitarla.

Exploring California

Columbus discovered the New World in 1492. By the early 15 hundreds Spain owned much of it including Arizona, New Mexico, Texas, Baja and Alta California. In 1542 the King of Spain, the Viceroy of Mexico and everybody else thought Alta California was an island. The king called a Spanish soldier, Juan Rodriguez Cabrillo, to check it out.

Exploramos California

Colón descubrió el Nuevo Mundo en 1492. Ya al principio del siglo dieciseis España controlaba gran parte de estos nuevos territorios entre ellos Arizona, Nuevo México, Texas, Baja y Alta California. En 1542 el rey de España, el virrey de México y todos los demás pensaban que California era una isla. El rey llamó a un soldado español, Juan Rodríguez Cabrillo para que lo comprobara.

The Viceroy of Mexico said, "Up, Cabrillo, and off you go,
You can have ships and folks of all sorts. Please bring us back some good reports
of Indians and silver and gold. The very thought just makes me feel bold!
Claim all this wealth in the name of Spain's King
And around the world your praise we'll sing!"
The year was 1542. I'm glad they discovered our land, aren't you?

El virrey de México dijo, "Arriba, Cabrillo, ponte en camino,
Tendrás barcos y gente y de todo. Te encarecemos traigas buenas nuevas
de indios, de plata y de oro. ¡El sólo pensarlo me infunde valor!
¡Reclama estas tierras para el rey de España
y por todos los rincones cantarán tu maña!"
Era el año 1542. Yo me alegro de que descubrieran nuestras tierras, ¿y tú?

Cabrillo sailed past the west coasts of mainland Mexico and Baja California and landed at the spot where San Diego harbor now lies. Cabrillo and his men were ready for a good rest.

Cabrillo said, "This is such a beautiful spot. Look at the green grass and golden flowers and the Indians. Don't you understand? Don't you speak Spanish? We will name this spot for Saint Didacus and claim it for Spain. San Diego, that's its name. I must get this all down on my maps and in the ship's log."

A Native California woman told Cabrillo, "Your clothes are different, aren't they? You don't understand me? You don't talk as we do."

Cabrillo navegó a lo largo de las costas occidentales de México y Baja California y desembarcó en el lugar donde ahora se encuentra el puerto de San Siego. Tanto Cabrillo como sus hombres estaban listos para tomarse un buen descanso.

Cabrillo dijo, "Este es un lugar hermoso. Mirad la hierba verde y las flores doradas y los indios. ¿No comprenden? ¿No hablan español? Le daremos a este lugar el nombre de San Didacus y lo tomamos en nombre de España. San Diego, así se llamará. Tomaré nota de todo en mis mapas y el diario de navegación.

Una indígena californiana le dijo a Cabrillo, "Su ropa es distinta a la nuestra, ¿a que sí? ¿No me comprende? No habla como nosotros."

After a few days of rest and a nice time on shore with the Native Americans, Cabrillo and his men and his little boats went on up the coast. They saw smoke on the shore! Was something cooking? Was it cold? They called the place, "The Bay of Smokes."

This could have been Santa Monica or maybe San Pedro. Cabrillo had put into many ports to get food, so his crew got very little scurvy. They had fresh berries to eat. He and his men sailed to Santa Bárbara's Channel Islands. They always had little gifts such as necklaces for the Indians.

Después de unos días de descanso y diversión con los indígenas americanos, Cabrillo y sus hombres con sus pequeños barcos siguierno navengando costa arriba. ¡Vieron humo en la orilla! ¿Guisaban algo? Nombraron el lugar "La bahía de los humos."

Este lugar puede haber sido Santa Mónica o tal vez San Pedro. Cabrillo había anclado en muchos puertos para conseguir alimentos por eso la tripulación sufrió poco de excorbuto. Navegaron hasta las Channel Islands de Santa Bárbara. Siempre llevaban pequeños regalos, como collares, para los indios.

Scurvy was one of the awful diseases of this time of exploration. It is caused by a lack of vitamin C in the diet. Explorers who spent a lot of time at sea often got it. It makes a person very weak, affects the gums and blood and other parts of the body. When doctors learned more about this they put foods with vitamin C on board ships. Some of these are citrus fruits (oranges, grapefruit, lemons, limes) tomatoes, potatoes with the skins on, unpolished rice, many vegetables and fruits. Most of these foods taste good and make us healthier.

El escorbuto era una de las horribles enfermedades que existían en los tiempos de las exploraciones. Esta enfermedad es el resultado de la falta de vitamina C en la dieta. Los exploradores que pasaban largas temporadas en alta mar contraían con frecuencia esta enfermedad. Causa gran debilidad, afecta a las encías, la sangre y otras partes del cuerpo. Cuando los médicos supieron más sobre esta enfermedad pusieron alimentos con vitamina C en los barcos. Algunos de estos alimentos incluyen los cítricos (naranjas, pomelos, limones, limas) los tomates, las patatas con la piel, arroz entero, y muchas verduras y frutas. La mayoría de estos alimentos tienen muy buen sabor y nos hacen más sanos.

Cabrillo shouted with excitement, "We will call these islands the Santa Bárbara Islands and the land nearby Santa Bárbara. Whoops, I'm falling."

A sailor called, "He's broken his arm, I think. Be careful, sir!"

The men sailed up the coast of California. They passed Monterey Bay and San Francisco, but they never really saw the harbors. Maybe it was because they were all fogged in. Soon after, Cabrillo got really sick, because his arm was infected. Then he died.

Cabrillo gritó emocionado, "Llamaremos a estas islas las Islas de Santa Bárbara y a esas tierras cercanas, Santa Bárbara. ¡Ay, qué me caigo!"

Un marino gritó . ¡Se ha partido el brazo! ¡Cuidado señor!"

Navegaron costa arriba a lo largo de California. Pasaron por la bahía de Monterrey y por San Francisco, pero no vieron los puertos. Tal vez fuera porque los cubría la niebla. Poco después, Cabrillo se puso may enfermo porque se le había infectado el brazo. Poco después murió.

In 1602 the new Viceroy of Mexico was pacing back and forth in his office in Mexico. He said, "We have to do something about Alta California. They say it's an island, you know?"

An aide told him, "This new Señor of the sea might be of great help. They say that he is brave and true and never gives up, and he is good at keeping his ship's log — we do need someone who writes because there are not a lot of explorers or anyone else who reads or writes either!

En 1620, el nuevo virrey de México caminaba agitado en su despacho de México. Dijo, "Tenemos que hacer algo sobre Alta California. ¿Saben ustedes que dicen que es una isla.?"

Un ayudante le dijo, "Este nuevo señor del mar puede que nos sea de gran ayuda. Dicen que es valiente y que nunca se rinde, y sabe mantener muy bien el diario de navegación -- necesitamos a alguien que sepa escribir porque no hay muchos exploradores que sepan hacerlo. ¡La verdad es que hay pocas personas que sepan leer o escribir!

In May of Sixteen Hundred and Two,
Not having anything better to do,
Said a later Mexican Viceroy
"Viscaino, you're quite a boy!
You can have three ships, that's quite a few.
An explorer's life is waiting for you.
From San Diego, please go on North,
And see what the harbors and land are worth.
From Acapulco, sail up the shore,
I don't believe it will be a bore!"

En mayo de mil seiscientos dos,
sin tener mejor cosa que hacer,
dijo un virrey mexicano posterior
"Viscaino, eres un gran muchacho!
Te doy tres barcos, que muchos son.
Te espera una vida de explorador.
De San Diego, al norte irás,
a ver el valor de puertos y tierras.
De Acapulco navega por la costa,
No creo que te aburras como una ostra!

The group sailed off from Acapulco on May 5, 1602.

Sebastian Viscaino, the explorer, used an hour glass and a clock to keep track of time, two hundred men, three small ships and lots of paper for his ship's log.

On November 10, 1602 they saw San Diego. It had a beautiful natural harbor. The sailors and Viscaino went ashore with happy faces and empty tummies.

The following are remarks which might have been in Viscaino's log: "The natives are wearing rabbit fur and deer skins. They gave us acorn mush and clear water from a stream. We can not understand them. They do not speak Spanish.

El grupo zarpó de Acapulco el 5 de mayo de 1602.

Sebastian Viscaino, el explorador, utilizó un reloj de arena y otro reloj normal para medir el tiempo. Iba acompañado de doscientos hombres, tres barcos pequeños y mucho papel para el diario de navegación.

El 10 de noviembre de 1602 vieron San Diego. Tenía un precioso puerto natural. Los marineros y Viscaino desembarcaron con cara de felicidad y los estómagos vacíos.

Puede que Viscaino haya escrito lo siguiente en su diario de navegación: "Los indígenas llevan pieles de conejo y cuero de venado. Nos dieron gachas de bellotas y agua clara de un arroyo. No los entendemos. No hablan español."

Viscaino wrote in the log about green grass and golden flowers. He described a sheltered bay with a fine port. He told of white oaks, and live oaks, and fresh water and hills. This was Monterey. As they traveled north, they sailed past San Francisco Bay, It was covered with a blanket of fog. The group returned to Mexico and gave the log to the Viceroy who sent it to the King. It stayed with each king through the years until 1769, The new King of Spain re-read it and decided to settle Alta California. The Russians were coming into this land, and everybody knew California was not an island.

Viscaino escribió en su libro de navegación sobre la hierba verde y las flores doradas. Describió una bahía bien protegida con un buen puerto. Habló de robles blancos y robles perénnes, de agua clara y de las colinas. Era Monterrey. Según viajaban en dirección al norte, pasaron de largo la bahía de San Francisco. Estaba cubierta de un manto de niebla. El grupo volvió a México y le dieron el diario al virrey que lo envío al rey. Quedó en manos de cada rey através de los años hasta 1769. El nuevo rey de España lo leyó y decidió poblar Alta California. Venían los rusos a esta tierra y todo el mundo sabía que California no era una isla.

Founding Missions

Hello and Good-bye to Silver and Pearls

In 1697 the King of Spain had heard that Baja California had mountains of silver and lakes of pearls. (map) He wanted the silver, he wanted the pearls and he wanted the natives of Baja. Priests were set to build a chain of Missions. The Native Californians were to live at the missions, to become Catholics and Spanish speaking citizens of Spain. 20 missions were built. They were a 70 year failure. The land was rocky, the weather was hot; Crops didn't grow. Thousands of Native Americans got sick and died from the "White Man's Sicknesses."

Las Misiones

Saludo y adiós a la plata y las perlas

En 1697 el rey de España había oído que Baja California tenía montañas de plata y lagos de perlas. (mapa) Quería la plata, quería las perlas y quería los indígenas de Baja. Enviaron a los curas a construir una cadena de misiones. Los indígenas de California vivirían en las misiones, se harían católicos, hablarían español y serían súbditos de España. Construyeron 20 misiones. Fueron un fracaso de 70 años. La tierra era rocosa, el clima caliente. No crecían las cosechas. Miles de indígenas enfermaron y murieron de "La enfermedad del hombre blanco."

Hello to Flowers of Gold and Grass so Green

In 1769 the King of Spain and Viceroy of Mexico looked at the old diaries of the explorers Cabrillo and Viscaino. They read about some happy Native Americans, the green grass and golden flowers of Alta California.

They ordered Father Serra, the mission president, to go with Governor Portola, and find San Diego. It had been described and named by the explorers. A city, a Presidio, and a mission were to be started at once. The Spanish King wanted California for Spain and the Russians were to be kept out. The Native Americans were to become Neophytes, newly baptized Catholics, to learn Spanish and lived at the missions. 110 people, soldiers, town's people and priests left Baja California for San Diego. Father Serra and Governor Gaspar de Portola might have said, as they left Loreta, Baja California:

Saludos a las flores doradas y a la verde hierba

En 1769 el rey de España y el virrey de México estudiaron los antiguos diarios de los exploradores Cabrilo y Viscaino. Leyeron sobre los indígenas felices, la hierba verde y las flores doradas de Alta California.

Le ordenaron al padre Serra, el presidente de las missions, que acompañara al gobernador Portola en busca de San Diego. Los exploradores ya habían descrito y nombrado el lugar. Su deber era empezar a construir una ciudad, un presidio y una misión. El rey español quería California para España y había que evitar que entraran los rusos. Los indígenas se convertirían en neófitos, se bautizarían católicos, aprenderían español y vivirían en las misiones. 110 personas, soldados, gente del pueblo y curas salieron de Baja California para San Diego. El padre Serra y el gobernador Gaspar de Portola podrían haber dicho al salir de Loreta, Baja California

We'll start some towns in Alta California
To hold the lands and Christianize the folk
We'll send three ships a sailing to San Diego
The rest of us will walk and that's no joke.

Three groups took ships, and two walked with the animals. The journey took from three to seven months. The ship carrying the most and the best food sank. It was never found.

The King of Spain knew that building missions was an easy and cheap way to get new citizens and new lands for Spain.

Establecidos algunos pueblos en Alta California
para guardar la tierra y al pueblo cristianizar
Enviaremos tres barcos navegando hacia San Diego
Los demás caminaremos, lo decimos sin dudar.

Tres grupos fueron en barcos y dos caminaron con los animales. El viaje duró de tres a siete meses. El barco que llevaba la mayor parte de la comida se hundió; jamás lo encontraron.

El rey de España sabía que la construcción de misiones era una forma barata y fácil de conseguir nuevos ciudadanos y nuevas tierras para España.

Do you think Father Serra said:

"We hold the position,
that we should start a mission
and build it from materials around
With our books on architecture
we won't attend a lecture.
We'll make adobe bricks
from straw and ground.

Te parece que tal vez el Padre Serra dijo:

"Somos de la opinión,
de construir una misión
de materiales de estos contornos.
Con libros de arquitectura
sin necesidad de más lectura.
Usaremos tierra y paja para
ladrillos de adobe y otros adornos.

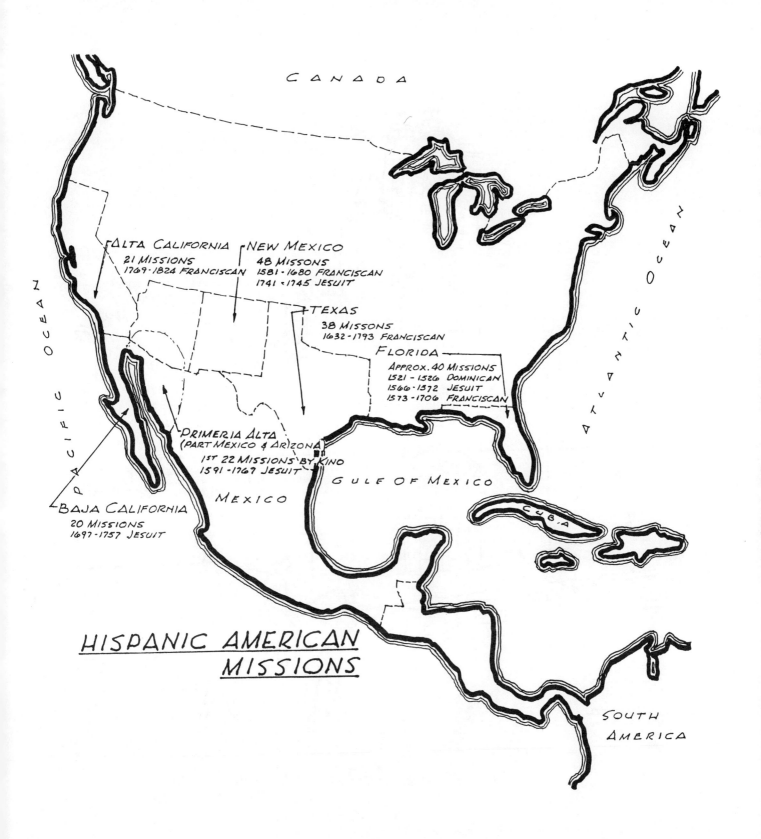

Alta California
21 Missions
1769-1824 Franciscan

New Mexico
48 Missons
1581-1680 Franciscan
1741-1745 Jesuit

Texas
38 Missons
1632-1793 Franciscan

Florida
Approx. 40 Missions
1521-1526 Dominican
1566-1572 Jesuit
1573-1706 Franciscan

Primeria Alta
(Part Mexico & Arizona)
1st 22 Missions by Kino
1591-1769 Jesuit

Baja California
20 Missions
1697-1757 Jesuit

CANADA

PACIFIC OCEAN

ATLANTIC OCEAN

MEXICO

GULF OF MEXICO

CUBA

SOUTH AMERICA

HISPANIC AMERICAN MISSIONS

george kuska

Mission San Francisco de la Espada.
San Antonio, Texas

mission San José de Laguna
Laguna Pueblo, New Mexico

george kuska

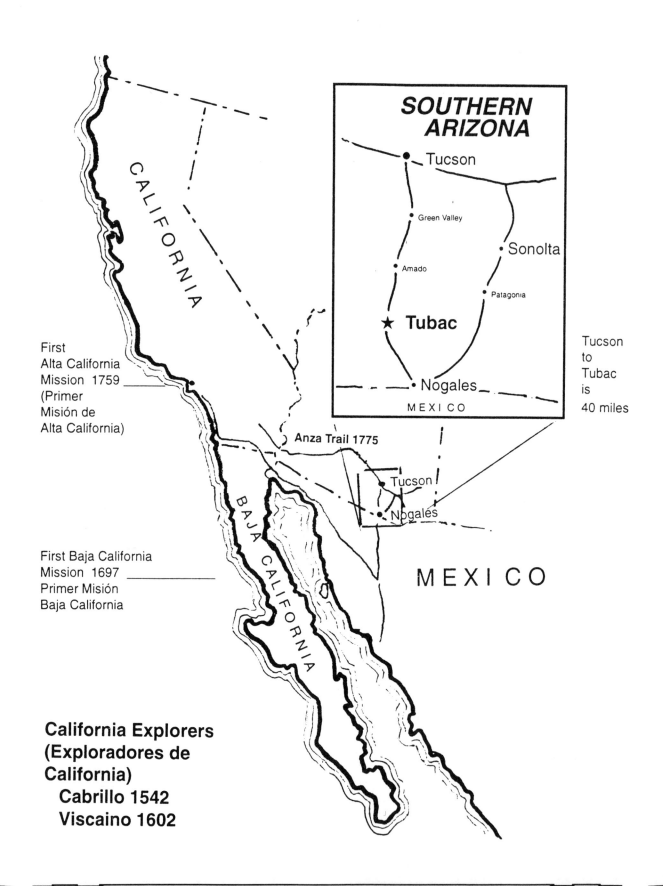

SOUTHERN ARIZONA

Tucson

Green Valley

Sonolta

Amado

Patagonia

★ **Tubac**

Nogales

MEXICO

First
Alta California
Mission 1759
(Primer
Misión de
Alta California)

Anza Trail 1775

Tucson
to
Tubac
is
40 miles

Tucson

Nogales

First Baja California
Mission 1697
Primer Misión
Baja California

MEXICO

**California Explorers
(Exploradores de
California)
Cabrillo 1542
Viscaino 1602**

CALIFORNIA

BAJA CALIFORNIA

SAN JAVIER, BAJA CALIFORNIA

george kuska

george kuska

SAN IGNACIO DE CABURICA, SONORA, MEXICO

Haul of Records

Current Telephone and Fax Numbers

Name of Mission	Found on Page	Telephone Number	Fax Number
San Diego de Alcalá	23	619-283-7319	619-283-7762
San Carlos Borromeo de Carmelo	24	831-624-1271	831-624-8050
San Antonio de Padua	25	831-385-4478	831-386-9332
San Gabriel Arcángel	26	626-457-3035	626-282-5308
San LuÍs Obispo de Tolosa	27	805-543-6850	805-781-8214
San Francisco de AsÍs	28	415-621-8203	415-621-2294
San Juan de Capistrano	29	949-248-2027	949-240-8091
Santa Clara de AsÍs	30	408-554-4528	408-551-7166
San Buenaventura	31	805-643-4318	805-643-7831
Santa Bárbara	32	805-682-4713	805-682-6067
La PurÍsima Concepción	33	805-733-3713	805-733-2497
Santa Cruz	34	831-426-5686	831-423-1043
Nuestra Señora de la Soledad	35	831-678-2586	
San José	36	510-657-1797	510-651-8332
San Juan Bautista	37	831-623-2127	831-623-2433
San Miguel Arcángel	38	805-467-3256	805-467-2448
San Fernando Rey de España	39	818-361-0186	818-361-3276
San LuÍs Rey de Francia	40	760-757-3651	760-757-4613
Santa Inés	41	805-688-4815	805-686-4468
San Rafael Arcángel	42	415-456-3016	
San Francisco de Solano	43	707-938-9000	707-939-2731

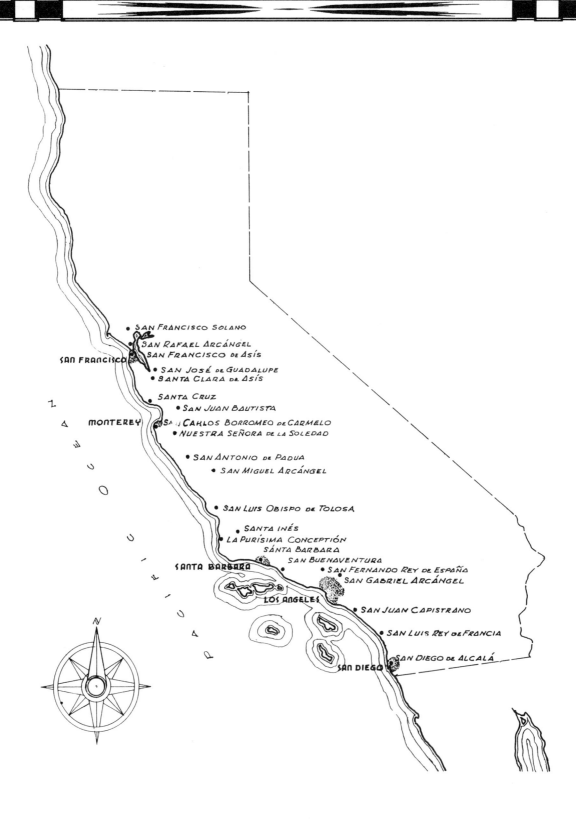

CALIFORNIA MISSIONS
and PRESIDIOS

Mission San Diego de Alcalá had grass roofs which were burned by flaming arrows in an Indian uprising. From then on, tile roofs were used.

Misión San Diego de Alcalá Esta misión tenía los tejados de paja. que se quemaron con flechas ardientes durante una revuelta de los indios. Desde ese momento, se utilizaron tejados de teja.

george kuska

The Mission San Carlos Borromeo de Carmelo has the most primative charm of any California mission.

Misión San Carlos Borromeo de Carmelo. Esta misión tiene el mayor encanto primitivo de todas las misiones de California.

Mission San Antonia de Padua is the only mission still in its natural setting.

Misión San Antonia de Padua. Es la única misión que aún permanece en su emplazamiento natural.

Mission San Gabriel Arcángel was built like a fort, not a church to impress visitors and new arrivals.

Misión San Gabriel Arcángel. Esta misión fue construida como un fuerte y no como una iglesia para impresionar a los huéspedes y a los recien llegados.

george kuska

Mission San Luís Obispo de Tolosa was made a New England Church after 1834. It has been restored and is again a California mission.

Misión San Luis Obispo de Tolosa. Esta misión se convirtió en Iglesia de Nueva Inglaterra después de 1834. Ha sido restaurada y es de nuevo una de las misiones de California.

Mission San Francisco de Asís is a small building but the city's oldest building and a giant in its history.

Misión San Francisco de Asís. Esta misión es un edificio pequeño pero es el más antiguo de la ciudad y un gigante en su historia.

george kuska

San Juan Capistrano had the greatest stone church. In the 1812 earthquake it fell, killed 40 people and has never been rebuilt.

San Juan Capistrano. Esta misión tenía una gran iglesia de piedra. Se derrumbó en el terremoto de 1812, mató a cuarenta personas y no la han vuelto a construir.

george kuska

Mission Santa Clara de Asís's chapel reminds us that once a mission was there.

Misión Santa Clara de Asís. La capilla de esta misión nos recuerda que en este lugar hubo una vez una misión.

george kuska

Mission San Buenaventura has two huge star pines which are always
beautiful. At Christmas time they are magically decorated and lighted.

Misión San Buenaventura. Esta misión tiene dos hermosos pinos. Por
Navidad se convierten en pinos encantados con decoraciones y luces.

George Kuoku

Mission Santa Bárbara is not the biggest, it is not the best, but it is the most impressive.

Misión Santa Bárbara.   Esta misión no es la más grande, no es la mejor, pero si la más impresionante.

george kuska

Mission La Purísima Concepción's Docent and Living Histories programs
bring in the town people and give life to the mission.

Misión La Purísima Concepción. Esta misión organiza progamas
educativos e históricos que atraen a la gente y dan vida a la misión.

george kuoku

Mission Santa Cruz Nobody knows for sure where the original mission was. Archealogists are searcing for clues.

Misión Santa Cruz. Nadie sabe por cierto dónde se encontraba la primera misión. Los arqueólogos buscan pistas.

george kuska

Mission Nuestra Señora de la Soledad started to be rebuilt in 1954. This
  drawing shows the chapel as it is today.

Misión Nuestra Señora de la Soledad. Se empezó la reconstrucción de
  esta misión en 1954. El dibujo muestra la capilla en las condiciones que se
  encuentra hoy.

Mission San Jose As a reminder of the original mission, it has a new church in the old style.

Misión San Jose. Como recuerdo de la antigua misión, tiene una iglesia nueva al estilo antiguo.

George kusku

Mission San Juan Bautista's church has the largest interior. The setting in the village is about the same as in mission days.

Misión San Juan Bautista. La iglesia tiene la mayor extensión interior. Su ubicación en la aldea es aproximadamente la misma que en los días de la misión.

george kuska

Mission San Miguel Arcángel retains an Hispanic charm of the early days.

Misión San Miguel Arcángel. Esta misión mantiene el encanto hispano de sus primeros días.

george kuska

Mission San Fernando Rey de España was most important as a way station. Many guests enjoyed its hospitality.

Misión San Fernando Rey de España.   Esta misión era muy importante como albergue en el camino. Muchos huéspedes disfrutaron de su hospitalidad.

Mission San Luís Rey de Francia was the most successful of the missions in every way. It is the king of the missions.

Misión San Luis Rey de Francia. Fue la misión que tuvo el mayor éxito en todos los sentidos. Es el rey de las misiones.

george kuska

Mission Santa Inés should have been an outstanding mission. It wasn't because of earthquake, fires and Indian attacks.

Misión Santa Inés.   Esta debería haber sido una misión destacada. No lo fue debido a los terremotos, los incendios y los ataques de los indios.

george kuska

Mission San Rafael Arcángel   The original mission has completely
disappeared.   The present building is a model of the original.

Misión San Rafael Arcángel.   La antigua misión ha desaparecido por
completo.   El edificio actual es una copia del modelo de la primera misión.

george kuska

Mission San Francisco de Solano (Sonoma Mission) is a minor mission
which has been lovingly restored and well preserved.

Misión San Francisco de Solano (Misión Sonoma) Es una misión
menor que ha sido restaurada con cariño y que se encuentra bien cuidada.

Mission Stories
Historias de Las Misiones

Day In The Life of A Padre
Un dia en La Vida de un Padre

The First Mission in Alta California
La primera misión en Alta California

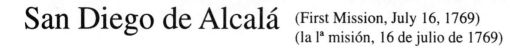

San Diego de Alcalá (First Mission, July 16, 1769)
(la 1ª misión, 16 de julio de 1769)

The First Mission in Alta California

July 16, 1769 Father Serra blessed and placed a cross on the ground to mark the start of this mission. The Spanish settlers had walked or sailed from Mexico. More than half died on the trip. The Native Americans stayed away at first.

On a night in November 1775, an army of hundreds of Native Californians attacked, burned the mission and killed Father Jayme.

The fathers rebuilt the mission, planted crops and raised livestock. Soon Native Americans joined and the mission was a success.

La primera misión en Alta California

El 16 de julio de 1769 el Padre Serra bendijo y puso una cruz en el suelo para marcar el comienzo de esta misión. Los pobladores españoles habían llegado caminando o navegando desde México. Más de la mitad murieron durante el viaje. Los indígenas americanos se mantuvieron alejados al principio.

Una noche do noviembre de 1775, un ejército de cientos de indígenas californianos atacaron la misión y mataron al Padre Jayme.

Los padres volvieron a construir la misión, se dedicaron a la labranza y a la cría de ganado. Pronto los indígenas americanos se les unieron y la misión se hizo un éxito.

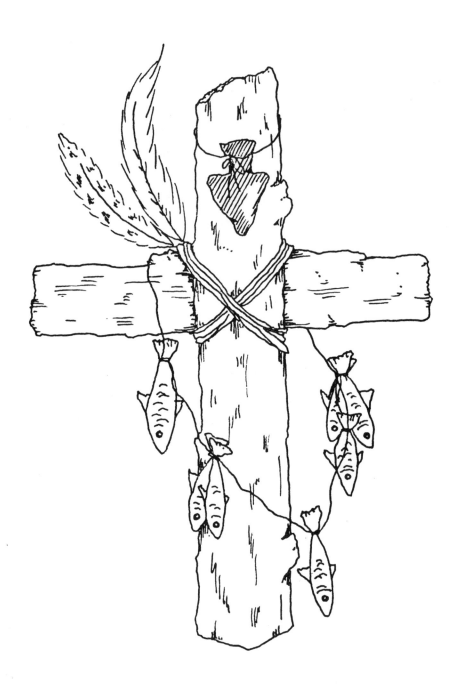

A Fishy Surprise
Una sorpresa en la cruz

San Carlos Borromeo de Carmelo

(Second Mission, June 3, 1770)
(la 2ª misión, 3 de junio de 1770)

A Fishy Surprise

In 1602 the Spanish Explorer Viscaino wrote about Monterey Bay and the beautiful oak grove nearby.

168 years later, Portola used Viscaino's journal, thought he found the same oaks and built a cross to mark the spot.

One year later, it is told, Father Serra and his group of mission builders and presidio settlers found the cross. It had been decorated by the Native Americans with arrows, meat, feathers, shell fish and a string of sardines.

Father Serra blest the spot, the mission was built nearby and it became the headquarters of all of the California Missions.

Una sorpresa en la cruz

En 1602, el explorador español Viscaino escribió sobre la Bahía de Monterrey y sobre el robledo situado cerca de allí.

168 años más tarde, Portola usó el diario de Viscaino, pensó que había encontrado los mismos robles y construyó una cruz para marcar el lugar.

Se cuenta que un año más tarde, el Padre Serra y su grupo de fundadores de misiones y pobladores de presidios encontraron la cruz. La habían decorado los indígenas americanos con flechas, carne, plumas, mariscos y una cuerda de sardinas.

El Padre Serra bendijo el lugar y la misión que construyeron cerca de allí se convirtió en la sede principal de todas las misiones de California.

The Mission and the Army
La misión y el ejército

San Antonio de Padua

(Third Mission, July 14, 1771)
(la 3ª misión, 14 de julio de 1771)

The Mission and the Army

Father Serra founded this mission in a pretty valley south of Carmel. It was the first not to be built on the coast and is in a grove of oak trees. The friendly Native Americans were slow in joining and giving up their religions.

Over time as the mission grew, a very complex water system and flour mill were developed. These brought fame to the mission and water to farmers years later.

The army bought land and built Camp Hunter Ligget in the 1940s. It is just down the road. If the soldiers and the buildings weren't there, a trip to the mission would take you back in time to 1772.

La misión y el ejército

El Padre Serra fundó esta misión en un bonito valle al sur de Carmel. Fue la primera misión que no se construyó en la costa y se encuentra situada en un robledo. Los amigables indígenas tardaron en unirse a la misión y en abandonar sus propias religiones.

Con el tiempo, según fue creciendo la misión, se fue desarrollando un complejo sistema de agua y un molino de harina. Esto le trajo fama a la misión y agua a los agricultores años después.

El ejército compró tierra y construyó el campamento Hunter Ligget en los años cuarenta. Se encuentra cerca de allí, camino abajo. Si no estuvieran allí los soldados y los edificios, un viaje a la misión sería un viaje al pasado, al año 1772.

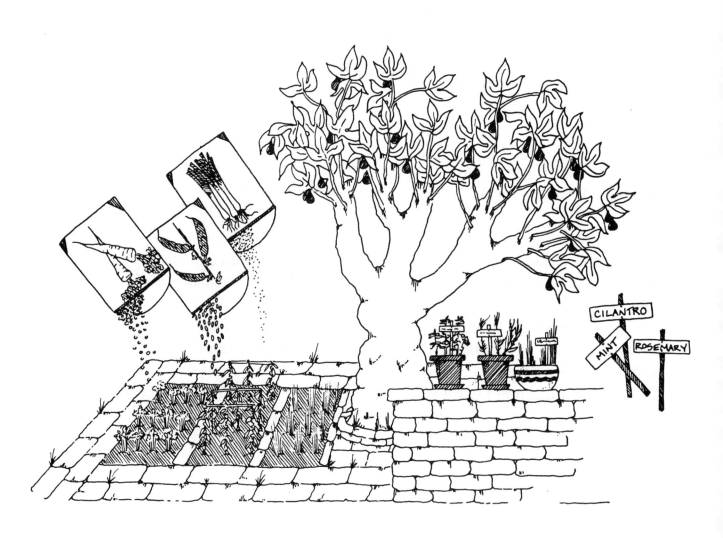

The Mission at the Crossroads
La misión en el cruce de caminos

San Gabriel Arcángel

(Fourth Mission, September 8, 1771)
(la 4ª misión, 8 de septiembre de 1771)

The Mission at the Crossroads

This mission was such a success it was called, "Mother of California Farming." The lands had good soil, a gentle climate and plenty of water. The fathers worked hard and the Native Americans were friendly. The church owned so much land it is hard to imagine the acres of crops and numbers of animals that were raised.

As time passed three land routes came together and formed the crossroads at the mission. These were routes from Mexico, from the east and the north. These brought people and businesses to Los Angeles. San Gabriel lost its farm feeling and is now right in the middle of a big city.

La misión en el cruce de caminos

Esta misión tuvo tanto éxito que la llamaron "la madre de la agricultura de California." La tierra era fértil, el clima templado y había agua en abundancia. Los padres trabajaban mucho y los indígenas americanos eran amigables. La iglesia tenía tanta tierra que resulta difícil imaginar la cantidad de acres labrados y el número de animales que se criaban.

Con el paso del tiempo, llegaron a cruzarse tres caminos en la misión. Eran las rutas de México, del este y del norte. Estos caminos traían gente y mercancías a Los Angeles. San Gabriel perdió su ambiente agrícola y se encuentra hoy día en el centro de una gran ciudad.

The Bear Facts
Es una cuestión de osos

San Luis Obispo

(Fifth Mission, September 1, 1772)
(la 5ª misión, 1 de septiembre de 1772)

The Bear Facts

The signs say, "Watch out for the grizzly bears." In the year 1772 it was the bears who needed help.

Mission San Luis Obispo is in a lovely spot named the valley of the bears. As the story goes, while this mission was being built, everyone was starving for food.

They ate the grizzly bears. Once they killed 9,000 pound of bear meat and had a real feast. The Native Americans later gave them seeds to plant in exchange for bear meat. Soon the mission gardens were full of beans, corn and other crops and the bears again could roam the hills without fear of becoming somebody's dinner.

Es una cuestión de osos

El cartel dice, "Cuidado con los osos." En el año 1772 eran los osos los que necesitaban ayuda.

La Misión San Luis Obispo es un lugar encantador que lleva el nombre el valle de los osos. Según cuentan, mientras construían esta misión, todos pasaron mucha hambre.

Se comieron los osos grises. En una ocasión mataron 9.000 libras de carne de oso y celebraron una gran fiesta. Más tarde los indígenas les dieron semillas para plantar a cambio de carne de oso. En poco tiempo los huertos de la misión se llenaron de frijoles, maíz y otras hortalizas y los osos pudieron una vez más recorrer los montes sin temor de convertirse en alimento para la mesa.

The Mission by the Narrow Gate
La misión al lado del pasaje estrecho

San Francisco de Asís
(Sixth Mission, October 9, 1776)
(la 6ª misión, 9 de octubre de1776)

The Mission by the Narrow Gate

The great San Francisco bay was slow to be discovered because the entrance to the bay was so narrow. Portola saw what a great bay it was on his second trip north. Orders were given to found missions, a presidio and town at once.

Juan Bautista de Anza led 240 settlers and 1,000 farm animals from Sonora Mexico to San Francisco. They crossed rivers, deserts and mountains. They arrived with four more people, babies born on the trip.

The mission had a struggle, crops did poorly, and Native Americans died from disease or ran away. The church, however, built in 1791 still stands and is beautiful!

La misión al lado del pasaje estrecho

Tardaron en descubrir la gran bahía de San Francisco porque la entrada a la bahía era tan estrecha. Portola se dio cuenta de la grandeza de la bahía durante su segundo viaje al norte. Se ordenó la inmediata construcción de una misión, un presidio y un pueblo.

Juan Bautista de Anza se encargó de llevar a 240 pobladores y 1.000 animales domésticos de Sonora, México a San Francisco. Cruzaron ríos, desiertos y montañas. Llegaron con cuatro personas adicionales, niños que habían nacido durante el viaje.

Fueron tiempos difíciles para la misión. Las cosechas eran pobres y los indígenas morían de enfermedades o huían. ¡La iglesia, sin embargo, construida en 1791 sigue en pie y es hermosa!

The Mission for the Birds - - -
La misión para los pájaros

San Juan de Capistrano

(Seventh Mission, November 11,1776)
(la 7ª misión, 11 de noviembre de1776)

The Mission for the Birds - - -

This Mission was founded on October 30, 1775. It was a success right away.
The Native Americans were friendly, the climate mild. It is near the ocean, has a
breeze and rich soil.

Who knows when for sure, but for as long as people remember a huge flock of
swallows has come to San Juan de Capistrano on their migration south sometime in
October, and North in March. It is a wonderful sight and the exact date may depend
on the weather.

Forty Native Americans were killed in the 1812 earthquake and the church was
never rebuilt, but it hasn't kept the birds away.

La misión para los pájaros

Se fundó esta misión el 30 de octubre de 1775. Fue un éxito inmediato. Los
indígenas americanos eran amistosos, el clima cálido. Está cerca del mar, tiene brisas
y suelo fértil.

No hay quién lo sepa por cierto, pero desde tiempos remotos una enorme
bandada de golondrinas viene a San Juan de Capistrano en su viaje migratorio al sur
en octubre y al norte en marzo. Es un espectáculo maravilloso y la fecha exacta puede
que dependa del tiempo que haga.

Murieron cuarenta indígenas americanos en el terremoto de 1812 y no se ha
vuelto a reconstruir la iglesia, pero esto no ha evitado que vuelvan los pájaros.

The Mission With the College Education
La misión con una educación universitaria

Santa Clara de Asis

(Eighth Mission, January 12, 1777)
(la 8ª misión, 12 de enero de 1777)

The Mission With the College Education

English and Russian settlers were interested in controlling the San Francisco Bay. Mission Santa Clara was built to help protect the bay area for Spain.

Floods, earthquake and fires destroyed the mission and it was rebuilt seven times. It became successful and was second in wealth only to San Gabriel.

In 1851 when California was a state the mission was turned over to English speaking priests, the Jesuits.

In 1855 it became Santa Clara College and later the University of Santa Clara.

La misión con una educación universitaria

A los pobladores ingleses y rusos les interesaba controlar la bahía de San Francisco. La misión Santa Clara se construyó para proteger la bahía para España.

Inundaciones, terremotos incendios destruyeron la misión que tuvieron que volver a construir siete veces. La misión fue por fin un éxito y solamente San Gabriel la superaba en riqueza.

En 1851 cuando California ya era un estado tomaron control de la misión los Jesuitas, unos curas de habla inglesa.

En 1855 se convirtió en el Santa Clara College y más tarde en la Universidad de Santa Clara.

The Mission That Waited 12 Years!
¡La misión que esperó 12 años!

San Buenaventura (Ninth Mission, March 31, 1782)
(la 9ª misión, 31 de marzo de 1782)

The Mission That Waited 12 Years!

Mission San Buenaventura was to be the third in the mission chain. When San Francisco Bay was discovered, Father Serra changed his plans and this became the ninth.

The mission prospered. Many kinds of fruit and tropical plants were among the crops. A water system seven miles long was built to water the grain fields.

Native Americans there were the Chumash. They were a very advanced California tribe. They built boats, were good seamen and fishermen. The women were weavers who made their baskets watertight.

The city of Ventura has grown around the church but a new plaza in front has added a sense of space and history.

¡La misión que esperó 12 años!

La misión San Buenaventura debería haber sido la tercera misión. Cuando descubrieron la bahía de San Francisco, el Padre Serra cambió de parecer y San Buenaventura se convirtió en la novena.

La misión prosperó. En los huertos se encontraban muchas clases de fruta y plantas tropicales. Para regar los campos de cereales construyeron un sistema de riego de siete millas de extensión.

Los Chumash eran los indígenas de esta región. Era una tribu californiana muy avanzada. Construían barcos y eran buenos navegantes y pescadores. Las mujeres eran hilanderas y construían cestas impermeables. La ciudad de Ventura ha ido creciendo alrededor de la iglesia pero la construcción de una nueva plaza delante de la iglesia ha añ adido una sensación de espacio e historia.

The Queen of the Missions
La reina de las misiones

Santa Bárbara

(Tenth Mission, December 4, 1786)
(la 10ª misión, 4 de diciembre de 1786)

The Queen of the Missions

The explorer Viscaino discovered and named Santa Bárbara in about 1602. The Presidio, the city and the mission all have that name.

In 1780 the Presidio was built and the army moved in so the area would be protected Six years later, in 1786, the Franciscans founded the mission. They have been there ever since..

The Native Americans were the Chumash, a very advanced group. With the Franciscans they farmed, painted, played music, built a fine water system and ran a hospital.

The mission developed so fast it outgrew the first church in five years. The second was destroyed by the 1812 earthquake. A twin towered stone church was built in 1833.

This is a real jewel in the mission chain or necklace.

La reina de las misiones

El explorador Viscaino descubrió y nombró Santa Bárbara alrededor de 1602. El presidio, la ciudad y la misión todos llevan ese nombre.

En 1780 se construyó el presidio y el ejército se trasladó allí para proteger esta zona. Seis años después, en 1786, los franciscanos fundaron la misión. Llevan allí desde entonces.

Los indígenas americanos en esta zona eran los Chumash, un grupo muy avanzado. Con los franciscanos labraban la tierra, pintaban, tocaban música, construyeron un buen sistema de agua y llevaban un hospital.

La misión se fue desarrollando tan rápidamente que en cinco años la primera iglesia ya se les había quedado pequeña. La segunda iglesia quedó destrozada en un terremoto en 1812. En 1833 construyeron una iglesia de piedra con dos torres gemelas.

Está es una verdadera joya en la cadena o collar de misiones.

The Bad Luck, Good Luck Mission
La misión de la mala y la buena suerte

La Purisima Concepción (Eleventh Mission, December 8, 1787)
(la 11ª misión, 8 de diciembre de 1787)

The Bad Luck, Good Luck Mission

This mission was built in a lovely place. Crops and livestock grew. Many Native Americans joined.

25 years later it was destroyed by an earthquake, the dam broke and flooded the ruins.

There was no rain for several years and crops didn't grow. There was so little food the Native Americans were angry and destroyed much of the mission.

Almost 90 years later the mission was given to the United States as a present. Enough men were sent, time and money were given to rebuild the mission. The good luck is still with it and it is open to visitors. Go and see for yourself.

La misión de la mala y la buena suerte

Construyeron esta misión en un lugar precioso. Crecieron el ganado y las cosechas. Se unieron a la misión muchos indígenas americanos.

25 años más tarde un terremoto destruyó la misión, se rompió la presa y se inundaron las ruinas.

Pasaron varios años sin lluvia y las cosechas no crecían. Había tan poca comida que los indígenas americanos se enojaron y destruyeron gran parte de la misión.

Unos 90 años más tarde regalaron la misión a los Estados Unidos. Dedicaron suficientes hombres, tiempo y dinero para reconstruir la misión. Sigue la buena fortuna y la misión permanece abierta. Ve y la verás.

One Thing and Then Another
Una cosa tras otra

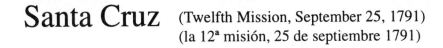

Santa Cruz (Twelfth Mission, September 25, 1791)
(la 12ª misión, 25 de septiembre 1791)

One Thing and Then Another

Where the river meets the bay with deer, rabbits, pine trees and berries, the Santa Cruz Mission was founded in 1791.

The governor started the town of Branciforte in 1796, across the river from the mission. It was filled with trouble makers from Mexico who came there instead of going to jail.

They caused terrible problems at the mission. Later, rain and wind almost destroyed the building.

Father Quintana was murdered in his bed at the mission. The mission was secularized in 1834 and then two earthquakes destroyed the remains. A smaller church was built in 1931 and is still there.

Una cosa tras otra

En el sitio donde el río se encuentra con la bahía, donde hay venados, conejos, pinos y bayas, se fundó la misión Santa Cruz en 1791.

El gobernador estableció el pueblo de Branciforte en 1796, al otro lado del río de donde estaba la misión. El pueblo se llenó de malhechores de México que fueron a dar allí en vez de ir a la cárcel.

Estos causaron terribles problemas en la misión. Más tarde, la lluvia y el viento casi destruyen el edificio.

El Padre Quintana fue asesinado en su cama en la misión. En 1834 secularizaron la misión y luego dos terremotos destruyeron lo que quedaba. En 1931 se construyó una iglesia más pequeña que aún existe.

The Lonesome Mission
La misión solitaria

Nuestra Señora de la Soledad

The Lonesome Mission

This mission has a "lonely name." It means our lady of solitude or all alone. It is one of the names of the Virgin Mary. The Native Americans who joined the mission called themselves "soledad." 30 priests were in and out of that mission in 44 years. Do you think so many priests left because they were lonesome? Farming, however, was successful.

Two terrible epidemics killed or drove off lots of Native Americans. There were some terrible floods, and finally the mission collapsed.

Father Sarria, the mission's last priest kept the mission going alone for seven years. Do you think he got lonesome? He died in 1835.

La misión solitaria

Esta misión lleva un "nombre solitario:" Nuestra Señora de la Soledad, o sea sola. Este es uno de los nombres de la Virgen María. Los indígenas americanos que se unieron a la misión se pusieron el nombre de "soledad." En 44 años hubo 30 curas que llegaron y se fueron de esa misión. ¿Crees que tantos curas se fueron a causa de sentirse muy solos? Sin embargo, la agricultura sí tuvo éxito.

Dos terribles epidemias mataron o ahuyentaron a muchos indígenas. Hubo algunas inundaciones terribles, y finalmente la misión se derrumbó.

El padre Sarria, el último cura de la misión, la mantuvo activa por siete años. ¿Crees que se sintió muy solo? Murio en 1835.

A Musical Mission
Una misión musical

San José
(Fourteenth Mission, June 11, 1797)
(la 14ª misión, 11 de hunio de, 1797)

A Musical Mission

For 27 years, Father Narcisco Durán, a very capable person, was in charge of the mission. He directed many different activities. He wrote, taught music, and his Native American orchestra became famous and played European instruments.

Father Durán directed construction of a fine irrigation system. The mission became second only to San Gabriel in farming. There were 6,673 converts over time.

Father Durán also handled perhaps the biggest problem of all, attacks by Native Americans from the inland valley.

Una misión musical

Por 27 años, el padre Narcisco Durán, una persona muy hábil, estaba a cargo de la misión. Dirigía las diferentes actividades. Escribía, daba clases de música, y su orquesta se hizo famosa y tocaba instrumentos europeos.

El padre Durán dirigió la construcción de un excelente sistema de riego. La misión llego a ser la segunda misión en la agricultura, después de la misión de San Gabriel. Con el tiempo, hubo 6.673 neófitos.

El padre Durán también tenía que proteger la misión contra los ataques de los indígenas del valle del interior. Este era quizas el problema más grave de la misión.

The Seven Tongued Priest
El cura de siete lenguas

San Juan Bautista

(Fifteenth Mission, June 24, 1797)
(la 15ª misión, 24 de junio de 1797)

The Seven Tongued Priest

This 15th mission was built in a beautiful spot over the Gabilan Mountains near the Salinas Valley.

Native Americans from the north, south, east and west joined the mission. Together, over the years, they worked and prayed. Father Arroyo de La Cuesta was the leader here for many years. He was very good at languages.

Father Cuesta learned to speak in all seven of the Native American lanugages used at this mission. He was able to preach, to pray and to talk to all of the neophytes in their native tongues for he was the seven tongued priest of Mission San Juan Bautista.

El cura de siete lenguas

Esta 15ª misión se construyó en un lindo sitio en las montañas Gavilán cerca del valle de Salinas.

Indígenas del norte, sur, este y oeste se unieron a la misión. Con el tiempo, trabajaron y rezaron juntos. El padre Arroyo de La Cuesta fue un líder aquí por muchos años. Tenía mucha facilidad para los idiomas.

El padre aprendió a hablar todos los siete idiomas de los indígenas de la misión. Podía predicar, rezar y hablar con todos los neófitos en sus propias lenguas, pues era el cura de siete lenguas de las misión San Juan Bautista.

The Mission With the Biggest Bell
La misión de la campana más grande

San Miguel Arcángel

(Sixteenth Mission, July 25, 1797)
(la 16ª misión, 25 de julio de 1797)

The Mission With the Biggest Bell

This mission was the third of four founded in 1797. A big crowd of Native Americans came to the celebration. Fifteen children were baptized then. In fewer than ten years there were at least 1,000 neophytes.

The mission was founded at the fork of two rivers where the soil is very fertile.

It was a success. Wool, grain, cloth and leather were stored there but were burned up in a fire which also destroyed some buildings.

In 1888, long after the mission period, a 2,000 pound bell was made of bells from other missions. It rings to call people to the parish church, which Mission San Miguel has become.

La misión de la campana más grande

Esta misión fue la tercera de cuatro misiónes fundadas en 1797. Una multitud de indígenas llegaron a la celebración. Entonces bautizaron a quince niños. En menos de diez años había por lo menos 1.000 neófitos.

Fundaron la misión en la confluencia de dos ríos donde la tierra es muy fértil.

Fue un éxito. Almacenaban lana, cereales, tela y cuero allí pero todo se quemó en un incendio que también destruyó algunos edificios.

En 1888, mucho tiempo después de la época de las misiónes, construyeron una campana de 2.000 libras, compuesta de las campanas de otras misiónes. Tocan la campana para llamar a la gente a la iglesia de la parroquia, que hoy día se conoce con el nombre la misión de San Miguel.

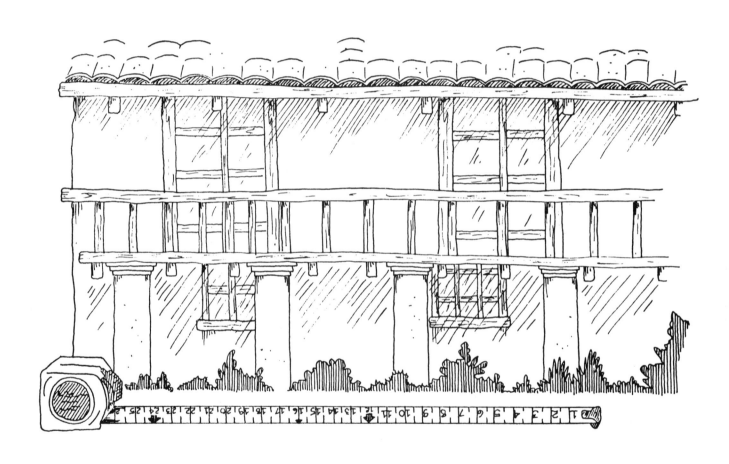

The "Long Building" Mission
La misión del "edificio largo."

San Fernando Rey de España

(Seventeenth Mission, September 8, 1797)
(la 17ª misión, 8 de septiembre de 1797)

The "Long Building" Mission

This was the fourth mission founded in 1797 and was built a day's travel from Los Angeles. The land was a gift to the mission by a Spanish settler because of its perfect location.

A small church was constructed within two months when 40 neophytes were in the mission.

The "Long Building" was built to give travelers from mission to mission a place to rest overnight. It grew to 243 feet and two stories. It is the largest adobe building in California.

La misión del "edificio largo."

Esta misión fue la cuarta fundada en 1797 y la construyeron a un día de viaje de Los Angeles. Un colonizador español regaló el terreno por ser una ubicación perfecta.

Después de dos meses, cuando había 40 neófitos en las misión, ya habían construido una pequeña iglesia.

Construyeron el "edificio largo" para darles a los viajeros un lugar donde pasar la noche cuando iban de misión a misión. El edificio creció a 243 pies y era de dos pisos. Es el edificio de adobe más grande de California.

King of the Missions
Rey de las misiones

San Luis Rey de Francia
(Eighteenth Mission, June 13, 1789)
(la 18ª misión, 13 de junio de 1789)

King of the Missions

This mission was founded very late. Many Native Americans wanted to join. The number of acres, sheep, cattle, horses and the size of the Indian Village became the largest. Father Peyri, the priest in charge for 33 years was able to do many things.

He drew the plans and watched over the construction of many of the buildings. He developed the water system, the laundry, baths, pools, and gardens. The church building was started in 1811, finished in 1815. It did not suffer in the 1812 earthquake. Father Peyri left the mission in 1832.

Over the years since 1846 the mission fell apart little by little. It has been rebuilt and is beautiful today.

Rey de las misiones

Esta misión se fundó muy tarde. Muchos indígenas querían pertenecer. Por la cantidad de acres, ovejas, ganado, caballos y por el tamaño de la aldea indígena, esta misión se convirtió en la más grande. El padre Peyri, el cura que estuvo a cargo por 33 años, pudo lograr muchas cosas.

Dibujó los planos y vigiló la construcción de muchos de los edificios. Construyó el sistema de agua, la lavandería, los baños, las albercas y los jardines. Empezaron a construir la iglesia en 1811 y la terminaron en 1815. Esta no sufrió daños en el terremoto de 1812. El padre Peyri se fue de la misión en 1832.

Después de 1846, con los años la misión se cayó a pedazos poco a poco. La han reconstruido y hoy día es muy bella.

The Mission With the Danish Accent
La misión del acento danés

Santa Inez

(Nineteenth Mission, September 17, 1804)
(la 19ª misión, 17 de septiembre de 1804)

The Mission With the Danish Accent

The last of the Southern California Missions was built in a beautiful valley. Over recent years the Danish town of Solvang has grown up around the mission.

It started out well in 1804. 200 Native Americans joined right away and 20 babies were baptized. In a few years there was trouble.

Some of the buildings were ruined in the earthquake of 1812. A Spanish guard beat a neophyte in the 1820s and his friends were so angry they set a few buildings on fire. The church started to burn accidentally and the Native Americans put it out.

The mission is in good shape now and worth a visit.

La misión del acento danés

La última misión del sur de California fue construida en un lindo valle. En los años recientes, el pueblo danés de Solvang ha crecido alrededor de la misión.

Todo empezó muy bien en 1804. 100 indígenas se unieron imediatamente y se baùtizaron 20 bebés. Después de pocos años hubo problemas.

El terremoto de 1812 destruyó algunos de los edifícios. Un guarda español golpeó a un neófito en la década de 1829 y los amigos de éste se enfurecieron tanto que incendiaron algunos de los edificios. La iglesia se empezó a quemar accidentalmente y los indígenas apagaron el fuego.

Hoy día la misión se encuentra en buenas condiciones y vale la pena visitarla.

The 10 Mile Health Plan
El plan de salud de 10 millas

San Rafael Arcángel

(Twentieth Mission, December 14, 1817)
(la 20ª misión, 14 de diciembre de 1817)

The 10 Mile Health Plan

The hospital mission San Rafael was founded across the bay from Mission Dolores. The weather was protected by the mountains. Hundreds of neophytes had died or were sick from the cold, foggy San Francisco climate.

Its warm dry weather helped the crops and livestock, too. In 1823 it became a real mission, not just a hospital. 113 years later the Golden Gate Bridge was built and millions of people have since enjoyed the warm summer weather just north of San Francisco.

El plan de salud de 10 millas

La misión hospital San Rafael se fundó al otro lado de la bahía de donde está la misión Dolores. Las montañas protegen el clima. Cientos de neófitos habían muerto o estaban enfermos del clima frío y neblinoso de San Francisco.

El clima templado y seco de San Rafael ayudó las cosechas y el ganado. En 1823 se convirtó en una verdadera misión, no sólo un hospital. 113 años más tarde se construyó el puente Golden Gate y desde entonces, millones de personas disfrutan del clima de verano templado justo al norte de San Francisco.

"Russians Keep Out"
"Prohibida la entrada a los rusos"

San Francisco de Solano

(Twenty-first Mission, July 4, 1823)
(la 21ª misión, 4 de julio de 1823)

"Russians Keep Out"

The Russians built Fort Ross on the northern California coast in mission times. The Spanish wanted to build a mission to keep them from the south.

A young priest named Father Jose Altimira had just come to Mission Dolores from Spain. He wanted to close two missions, build a huge one and make all the Indians Catholic. The governor agreed, the church officials said, "No way, Jose." They let the mission at Sonoma be built but no missions were closed.

General Vallejo took over the mission in 1835, built the chapel in 1849. The Russians soon left Fort Ross.

"Prohibida la entrada a los rusos"

Los rusos construyeron el fuerte Ross en las costa del norte de California durante la época de las misiones. Los españoles querían construir una misión para evitar que entraran los rusos al sur.

Un cura joven que se llamaba el padre José Altimira acababa de llegar de España a la misión Dolores. Quería cerrar dos misiones, construir una grande y convertir a todos los indígenas al catolicismo. El gobernador estuvo de acuerdo, pero los oficiales de la iglesia dijeron que de ninguna manera. Permitieron que se construyera la misión en Sonoma pero no se cerró ninguna otra misión.

El general Vallejo se apoderó de la misión en 1835, y construyó la capilla en 1849. Pronto los rusos se fueron del fuerte Ross.

Juan Bautista de Anza and His Mile Long Traveling City

The First Settlers Walk to California

Anza was 24 years old and became the second Captain of the Tubac Arizona Presidio in 1769,

From Tubac, Arizona, with 1,200 miles to go, a traveling city began its journey. The date: October 23, 1775. The group was on its way to settle San Francisco, California and Anza was its leader.

Juan Bautista de Anza y su cuidad ambulante de una milla de largo

Los primeros pobladores caminan a California

De Anza tenía 24 años cuando se convirtió en el segundo capitán del Presidio Tubac Arizona en 1769.

De Tubac, Arizona, y con 1.200 millas de viaje a la espera, empezó su travesía una cuidad ambulante. La fecha: 23 de octubre de 1775. El grupo se puso en camino para poblar San Francisco, California con de Anza a la cabeza.

Mules, horses, burros, beef cattle, six tons of flour, cornmeal, sugar, chocolate and beans were among the supplies. Saddles and bridles, horseshoes and nails, tents and soldiers, and families, and cowboys, and priests completed the parade.

Babies were born, rivers were crossed, and Maria Feliciana Arballo sang in the desert snow. There was little food, and bad weather until Alta California was reached. Here the grass was green, fresh fish were plentiful, and clear water flowed in wonderful streams. On March 28, 1775 the settlers reached the Golden Gate and the site of the Presidio of San Francisco was dedicated.

Entre las provisiones llevaban mulas, caballos, burros, ganado para carne, seis toneladas de harina, harina de maía, azucar, chocolate y frijoles. Cerraban el desfile monturas, bridas, herraduras y clavos, tiendas de campaña y soldados, familias, vaqueros y curas.

Nacieron niños, cruzaron ríos, y María Feliciana Arballo cantó en las nieves del desierto. La comida escaseaba y hacia un tiempo inclemente hasta que llegaron a Alta California. Aquí había verdes prados, y peces en abundancia y el agua clara corría en hermosos riachuelos. El día 28 de marzo de 1775 los pobladores llegaron al Golden Gate y allí se dedicó el lugar que habría de ocupar el Presidio de San Francisco.

This is the floor plan of a finished Mission, usually made of adobe.
Este es el plan general de una misión completa. Por lo general, las construían de adobe.

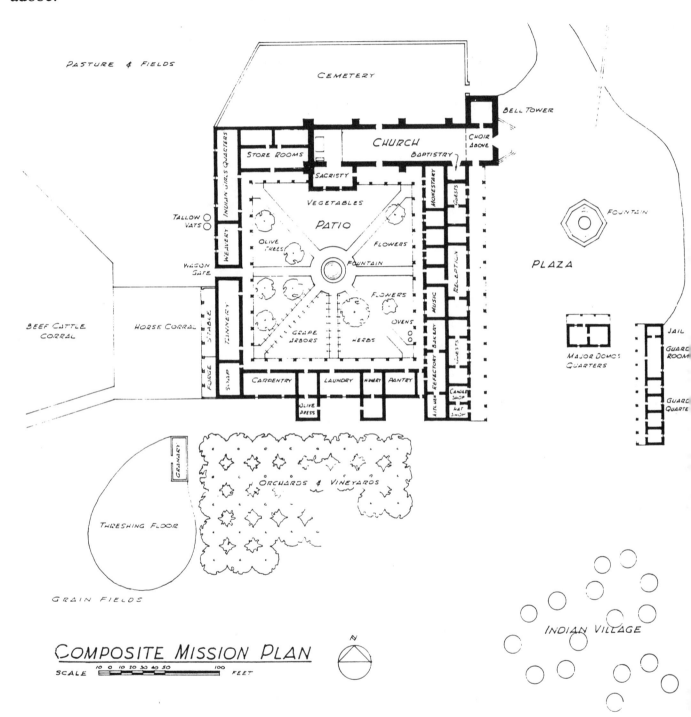

COMPOSITE MISSION PLAN

SCALE 10 0 10 20 30 40 50 100 FEET

Una misión normal y corriente

Un plan arquitectónico

The Rancho Story

The Fathers who founded the Missions encouraged Mexicans and Spanish citizens with some soldiers to come and establish Ranchos and towns.

The Journal of One Rancher

My name is Pájaro. I own a rancho near the coast of Alta, California; I am married and live with my wife and children on the edge of my land. I acquired it by measuring it with ropes held by my vaqueros. I then made a map of it and took the map to Monterey. (To be granted this land, I must be a Mexican citizen and a Catholic.) A government official will come back to the rancho with me. In the presence of him and the family from the neighboring rancho, I break branches off of trees, pull up grass, and scatter handfuls of earth. This makes the land legally mine.

El cuento de un rancho

Los padres que fundaron las misiones animaron a los ciudadanos mejicanos y españoles a que vinieran con algunos soldados a establecer ranchos y pueblos.

Diario de un ranchero

Me llamo Pájaro. Tengo en rancho cerca de la costa de Alta, California. Estoy casado y vivo con mi esposa y mis hijos a la orilla de mis tierras. Las consequí midiéndolas con cuerdas que sostenían mis vaqueros. Hice entonces un mapa de estas tierras y lo llevé a Monterrey. (Para que me den estas tierras debo ser mejicano y católico.) Vendrá conmigo al rancho un oficial del gobierno. Ante él y ante la familia del rancho contiguo, quiebro ramas de los árboles, arranco hierba y esparzo puñados de tierra. Esto da legalidad a mi propiedad de esta tierra.

Our home is well furnished. In our guest room, we have our finest silk pillow cases, silk sheets, and curtains. We also leave a bowl of money. The guests may take as much as they need, for it is never counted.

We live in the 1800s and our house is built on a square floor plan.

We have thirty Indian servants in all. Ten cook and serve, five do our sewing, six do our washing. Seven are vaqueros and the other two are personal servants.

My wife has much work to do. She supervises the servants who do the household work, but her main job is teaching our little girls to sew, make lace, embroider, and play instruments such as the guitar, violin, and flute.

Nuestro hogar está bien amueblado. En la habitación de los huéspedes tenemos nuestras mejores fundas de seda para las almohadas, sábanas de seda y cortinas. Tenemos también una escudilla llena de dinero. Los huéspedes pueden llevarse lo que necesiten pues jamás lo contamos.

Vivimos en los años de 1800 y nuestra casa está construida según un modelo de vivienda cuadrado.

Nos ayuda un total de treinta sirvientes indios. Diez guisan y sirven la comida, cinco se encargan de la costura, y seis lavan la ropa. Siete son vaqueros y los dos restantes son sirvientes personales.

Mi esposa tiene mucho trabajo. Se encarga de los sirvientes que hacen las tareas caseras, pero su trabajo fundamental es enseñarles a nuestras hijas a coser, hacer encaje, bordar y tocar instrumentos musicales como la guitarra, el violín y la flauta.

I do very different work, however. I am called el patrón. I tell my mayordomo (or foreman) what I want done. I also teach servants to plant trees and crops brought from Spain. We plant wheat, barley, corn, red beans, garbanzos, grapes, onions and garlic. Of trees, we plant olive, peach, apple, pears, and pomegranate. We grow these from cuttings that the Fathers at the Missions give us.

Rodeos

We have rodeos in the springtime, for that is when the calves are still following their mothers. Because of this, generally there is no dispute over which brand the calf will wear. The branding is done by a pair of men. One man will heat his iron in a small, hot fire made of brush while the other catches a calf. The calf is then tied and branded on the flank.

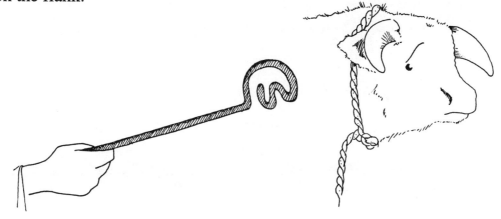

Yo, sin embargo, hago trabajo muy distinto. A mi me llaman el patrón. Yo le digo al mayordomo el trabajo que quiero que se haga. También les enseño a los sirvientes a plantar árboles y cosechas que se traen de España. Plantamos trigo, cebada, maíz, frijoles rojos, garbanzos, uvas, cebollas y ajos. Entre los árboles plantamos olivos, durazneros, manzanos, perales y granados. Estos los plantamos de los esquejes que nos dan los padres de las misiones.

Rodeos

Tenemos rodeos en la primavera porque en esta temporada los becerros aún siguen a sus mamás. Debido a esto generalmente no hay desacuerdo sobre la marca que llevará el becerro. Les ponen la marca un par de hombres. Uno de los hombres calienta el hierro sobre una hoguera de matorrales caliente y pequeña, mientras el otro atrapa al becerro. Amarran, entonces, al becerro y lo marcan en el costado.

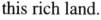

We kill many cattle for their hides. Some of the Indians punch holes in the corners of the hides and set them out in the sun. After the hides are dry, we tan them. Putting a hide into the vat, we sprinkle ground oak bark on it, lay another hide on that one, treat it, etc. Then we soak them in water. Yankee ships come to trade with us, and buy our hides as they did with the Mission Fathers. We bring the hides to the seashore in carratas, a type of ox-drawn cart.

Loss of Rancho

I have decided to sell my rancho, for many of my friends are moving back home. I am selling it legally to a Yankee trader who bought and bartered for our hides. Our family will pack up and leave on May 16, 1842. I am reluctant to leave this rich land.

Matamos a mucho ganado para las pieles. Algunos de los indios hacen agujeros en las pieles y las estiran al sol para que se sequen. Cuando las pieles están secas, las curtimos. Colocamos la piel en una tina la espolvoreamos con corteza de roble molido, ponemos otra piel encima, la espolvoreamos, etc. Entonces las remojamos en agua. Los barcos yanquis comercian con nosotros y nos compran las pieles igual que se las compraban a los padres de las misiones. Traemos las pieles a la costa en carretas, una especie de carro tirado por bueyes.

Pérdida del rancho

He decidido vender mi rancho porque muchos de mis amigos están volviendo a casa. Se lo voy a vender a un comerciante yanqui que nos compraba o cambiaba las pieles. Nuestra familia hará las maletas y se marchará el 16 de mayo de 1842. Siento mucho dejar esta rica tierra.

Glossary / Glosario

Adobe -	Sun dried bricks of adobe clay	Laguna -	Little lake
Alto, Alta -	High, upper as Alta or upper California	La Jolla -	The jewel
		Madero -	Wood
Amigo -	Friend	Madre -	Mother
Angel -	Angel	Mesa -	Table
Baja -	Lower Baja California	Muchacho -	Boy
Bolsa -	Pocket	Muchacha -	Girl
Bonita -	Pretty	Muerto -	Dead
Buena -	Good	Mujer -	Woman
Burro -	A beast of burden; the first "Carry all."	Niño -	Little boy
		Niña -	Little girl
Camino Real -	The King's Highway which links the missions	Noche -	Night
		Ojos -	Eyes
Carta -	Letter	Padre -	Father; priest
Casa -	House	País -	Country
Chico -	Young; a city in California	Pájaro -	Bird
Chile -	A very spicey vegetable used in Mexican cooking	Playa -	Beach
		Presidio -	Military location
		Pulga -	Flea
Comida -	Dinner	Queso -	Cheese
Diablo -	Devil	Rancho -	Ranch
Don -	Sir	Rey -	King
Doña -	Madam	Río -	River
España -	Spain	Rodeo -	A cattle round-up
Fiesta -	Party, celebration, festival, holiday	Secularizacion -	Apart from the church
		Serra, Junipero -	The first president of California Mission System
Flor -	Flower		
Hacienda -	A large ranch		
Hermano -	Brother	Soledad -	Soletude or all alone
Hermana -	Sister	Sombrero -	Big brim hat
Hombre -	Man	Tío -	Uncle
José -	Joseph	Tía -	Aunt
Joven -	Young person	Tuna -	A prickly cactus
Juan Bautista -	John the Baptist	Vaca -	Cow
Lago -	Lake	Vaquero -	Cowboy
		Viva -	Hurrah or live